COMITÉ DE DÉFENSE

DES ENFANTS TRADUITS EN JUSTICE

DE LA PROSTITUTION

DES MINEURES DE SEIZE ANS

dans ses rapports avec la loi pénale

PAR

JULIEN BREGEAULT

DOCTEUR EN DROIT
SUBSTITUT DU PROCUREUR DE LA RÉPUBLIQUE
PRÈS LE TRIBUNAL DE LA SEINE

Extrait du Journal LA LOI
du 23 Juillet 1896

PARIS

AUX BUREAUX DU JOURNAL « LA LOI »

Rue de la Sainte-Chapelle, 9

1896

DE LA PROSTITUTION

DES MINEURES DE SEIZE ANS

dans ses rapports avec la loi pénale

PAR

JULIEN BREGEAULT

DOCTEUR EN DROIT

SUBSTITUT DU PROCUREUR DE LA RÉPUBLIQUE

PRÈS LE TRIBUNAL DE LA SEINE

Extrait du Journal LA LOI
du 23 Juillet 1896

DE LA PROSTITUTION

DES MINEURES DE SEIZE ANS

dans ses rapports avec la loi pénale

Les lecteurs de *La Loi* connaissent tous l'existence de ce *Comité de défense des enfants traduits en justice* qui réunit, le premier mercredi de chaque mois, dans la salle des délibérations du Conseil de l'Ordre des Avocats à la Cour d'appel de Paris, de nombreux membres du Barreau, de la Magistrature, de l'Administration, du Conseil général de la Seine, voire du Parlement. Ils n'ignorent pas les efforts constants de ces hommes d'expérience et de bonne volonté auxquels le grand philanthrope que la France vient de perdre a rendu un jour un si précieux hommage (1), pour améliorer et perfectionner sans relâche la procédure suivie contre les mineurs délinquants, et surtout pour essayer d'en soustraire le plus grand nombre possible à l'avenir redoutable qui les attend.

Or, ce Comité vient de consacrer cinq de ses séances, et non des moins bien remplies, — celles des 4 et 25 mars, 6 mai, 10 juin et 1er juillet, dont *La Loi* a publié le compte-rendu, — à la discussion d'un sujet intéressant entre tous, celui de la prostitution des mineures. Je voudrais résumer brièvement cette discussion, faire ressortir l'exceptionnelle gravité des questions qu'elle a soulevées et enregistrer les résultats pratiques auxquels elle a déjà abouti.

Le cinquième Congrès pénitentiaire international(2), qui a amené à Paris, au mois de juillet 1895, un tel concours d'illustres criminalistes français et étrangers, ne pouvait manquer de porter son attention sur cette plaie hideuse de notre société moderne. La huitième question soumise aux délibérations de la quatrième section des congressistes était ainsi formulée: « Quels seraient les moyens de prévenir et de réprimer la prostitution des mineures(selon la loi pénale)...? » Divers vœux proposés notamment par MM. Bérenger, Yves Guillot et le comte d'Haussonville furent votés à ce sujet par le Congrès. M. Marc Réville, avocat à la Cour d'appel, a reproduit ces vœux dans une monographie des plus intéressantes. — (*La pros-*

---

(1) M. Jules Simon. Allocution prononcée à la Séance de rentrée du Comité du 16 novembre 1892. (V. *La Loi* du 17 novembre 1892.)

(2) Voir le compte-rendu de ce congrès dans la *Revue pénitentiaire*, n° de juillet 1895, pages 982 à 1107, et dans *La Loi* des 1, 2, 3, 5, 6, 7 et 10 juillet 1895.

*titution des mineures selon la loi pénale, à propos du récent congrès péniten-
tiaire*, Paris, Fischbacher, 1896), — à laquelle je ne puis mieux faire
que renvoyer le lecteur ; il y trouvera des sujets d'une poignante
actualité traités par un écrivain expérimenté et un homme de
cœur.

M. Réville, estimant, avec raison, que « le devoir du sociologue,
dans les pays où la natalité décline, et celui du moraliste partout,
est de rechercher les moyens de prévenir et de réprimer la prostitution juvénile», recherche d'abord quelles sont les causes princi-
pales de la perte de tant de pauvres enfants qui deviennent, par
une cruelle ironie des mots, des *filles de joie*, et il énumère ces
causes: la paresse, l'espoir des gains faciles et d'une vie de luxe,
l'insuffisance de la condition matérielle de la femme dans notre
société, l'influence délétère du milieu (chambre de domestiques,
ateliers, familles même où règne la promiscuité), et surtout le proxé-
nétisme sous toutes ses formes, que l'auteur décrit avec une réelle
éloquence (pages 10 et 11).

Il n'a garde d'oublier la diffusion de la littérature et de l'image-
rie pornographiques à bon marché, l'un des plus redoutables et des
plus humiliants fléaux de notre époque. On sait que quelques
hommes dévoués — et courageux — ont voulu tenter de nettoyer
nos rues et nos boulevards de cette fange (1), et on n'a pas oublié
ce qu'ils ont récolté pour leur salaire : l'indifférence sceptique ou
ironique du public, les sarcasmes soi-disant spirituels et les mani-
festations plus ou moins violentes de ceux qui prétendent représen-
ter la jeunesse des Ecoles. Que dis-je ? on a presque fait une révolution et le sang a coulé, pour la conquête de cette liberté d'un nouveau genre, oubliée dans la Déclaration des droits de l'homme, la
liberté de la pornographie! Et ces hommes qu'on a molestés, inquié-
tés, qu'on a voulu rendre ridicules et même odieux, s'appelaient
Bérenger, Frédéric Passy, Jules Simon ! Mais, parce qu'ils étaient
des philosophes, des penseurs et d'honnêtes gens, ils ont poursuivi,
poursuivent encore, avec sérénité leur noble tâche, assurés
qu'un jour viendra où le choix se fera entre eux et les défenseurs
de l'ordure... dite *artistique!*

Qu'on me pardonne cette petite disgression sur un sujet qui me
tient à cœur et qui rentre au surplus dans le cadre de cet article,
puisque M. Réville propose, comme l'un des moyens préventifs contre la prostitution des mineures, de «flétrir une littérature porno-
graphique qui courbe les esprits juvéniles vers les choses basses
et honteuses au lieu de les attirer vers les sujets élevés ». Mais il
ajoute que le vrai moyen de prévenir le mal qu'il signale, c'est la
société de patronage, et il voudrait voir se multiplier les associa-

---

(1) Il y a quelques jours, un de mes collègues a vu, en plein boulevard, un came-
lot vendre à un jeune garçon d'une quinzaine d'années un de ces ouvrages de
la plus instructive obscénité, qu'on reléguait jadis dans « l'enfer » des biblio-
thèques.

tions de ce genre, destinées à venir en aide aux jeunes filles sans famille, ou en danger moral chez leurs parents.

Arrivant à l'étude des procédés répressifs, M. Réville demande que l'on fasse disparaître de l'article 334 du Code pénal la nécessité de l'habitude ; il souhaite que cet article soit appliqué au souteneur d'une mineure lorsque la loi du 27 mai 1885 ne peut l'atteindre (je n'ai jamais vu, pour ma part, à cette application, aucun obstacle légal); il proteste contre la jurisprudence d'après laquelle celui qui ne recherche dans la débauche des mineures que la satisfaction de ses honteuses passions, sans esprit de lucre, échappe à toute répression; je ne puis, sur ce point, que joindre mes vœux aux siens. Mais il critique, à tort selon moi, cette autre jurisprudence, nouvelle et spéciale au Tribunal de la Seine, qui assimile la jeune prostituée à une vagabonde et permet ainsi son envoi en correction. Ici, je me sépare nettement de M. Réville, pour me rallier à la décision du Comité, que j'indiquerai plus loin. L'envoi en correction avec faculté de libération conditionnelle et de remise à une société de patronage, peut être le salut de la jeune fille. Pourquoi donc combattre cette jurisprudence bienfaisante, et parfaitement défendable en droit?

Enfin M. Réville expose ses *desiderata* en ce qui concerne le régime à suivre dans les maisons de réforme « où l'on aura la tâche pénible, et le plus souvent (il faut bien le reconnaître, hélas!) ingrate de ramener à la bonne voie les brebis égarées.» On le voit, c'est tout un traité sur la matière, et je regrette de ne pouvoir en donner qu'un résumé aussi imparfait.

La question était d'autant plus actuelle qu'elle avait été soumise au Sénat par M. Bérenger, lorsque, dans la séance du Comité de défense du 5 février 1896, M. Ferdinand Dreyfus, avocat à la Cour d'appel, membre du Conseil supérieur des prisons (1), a donné lecture de son intéressant et substantiel rapport sur *les réformes proposées et les moyens déjà mis en pratique par le Tribunal de la Seine pour réprimer la prostitution des filles mineures de seize ans.*

Après avoir fait ressortir l'importance singulière de la question, et rappelé, avec M. Réville, les causes génératrices de la prostitution des mineures, M. Dreyfus rendait hommage aux efforts de M. le juge d'instruction Adolphe Guillot pour « diminuer au profit des mineures saisies en état habituel de prostitution publique, alors qu'on peut relever contre elles le délit de vagabondage, la dose d'arbitraire, peut-être indispensable, que l'administration de la police exerce actuellement avec une indéniable modération ».

---

(1) M. Dreyfus vient d'être nommé chevalier de la Légion d'honneur. Ses collègues du Comité se réjouiront tous d'une distinction si méritée.

Puis il indiquait des chiffres statistiques que j'épargne au lecteur (1),
et enfin il arrivait à l'analyse de la proposition de loi de M. Bérenger votée par le Sénat. L'honorable sénateur, persévérant dans
son louable dessein d'assainir la voie publique, avait proposé une
série de réformes d'ensemble. Il voulait confier aux tribunaux
correctionnels la répression du racolage, créer des pénalités nouvelles contre les souteneurs, et aussi contre les hôteliers, logeurs
et débitants qui favorisent la prostitution, faciliter et rendre plus
fréquente l'application de la loi du 2 août 1882 sur les imprimés et
images obscènes, et enfin remplacer, pour les mineures prostituées,
le régime des punitions administratives par des mesures de préservation et de réforme. On n'a pas oublié le *tolle* que souleva dans
une certaine presse le dépôt de ce projet de loi, qu'on essaya,
comme on l'avait fait pour son auteur, de tuer par le ridicule. La
haute assemblée, sans se soucier de ces impuissants obstacles, pro-
céda avec sa sagesse habituelle à la discussion de la proposition, et
le texte qu'elle adopta est actuellement soumis à la Chambre des
Députés.

Les dispositions préconisées par M. Bérenger n'ont pas toutes été
admises par le Sénat; celles relatives à la répression du racolage,
à la compétence des tribunaux pour la punition des faits de prostitution, et aux peines à édicter contre les logeurs ont été supprimées.
L'article 3 du texte du Sénat frappe d'un emprisonnement de trois mois
à deux ans tous cafetiers, cabaretiers et autres débitants de boissons
qui, après un avertissement dûment notifié, continueront à fournir
aux femmes et filles de débauche, employées ou non dans leurs
établissements, le moyen de s'y livrer à la prostitution. « Mais il
convient, ajoute M. Dreyfus, de remarquer que la disposition votée
par le Sénat ne s'applique qu'aux cafetiers et cabaretiers, et que,
*contrairement aux intentions de son auteur, les logeurs restent en dehors de
la loi nouvelle.* M. le Préfet de police s'est en effet déclaré investi de
pouvoirs suffisants par l'ordonnance de 1778 dont il a vanté la sou-
plesse et l'élasticité. Il trouve, a-t-il dit, dans cette ordonnance un
moyen de traquer les tenanciers de maisons malfamées, et il a cité
devant le Sénat un hôtelier récalcitrant qui par le jeu de la récidive
a eu jusqu'à *trois cents jours de prison dans un an.* Nous persistons à
penser qu'il n'y a aucune distinction à faire entre les logeurs et les
cabaretiers et que le régime de la loi serait préférable à celui de
l'ordonnance de 1778. Outre que cette ordonnance plus que cente-
naire est une arme un peu ébréchée, on ne saurait oublier qu'elle
ne s'applique qu'à Paris et que dans les grandes villes des départe-
ments les maires et les parquets se trouvent désarmés en présence
des maisons occultes de débauche. »

M. Dreyfus arrive ensuite à la disposition la plus intéressante

(1) Notons seulement les chiffres suivants : Le nombre des mineures arrêtées
pour prostitution clandestine de 1891 à 1895 (1895 étant compté pour dix mois
seulement), a été respectivement de 1,856, 862, 1,561, 1,405 et 1,296.

pour le Comité du projet voté par le Sénat. C'est l'article 2 dont le texte est ainsi conçu :

« Tout mineur de l'un ou l'autre sexe, âgé de moins de dix-huit ans, saisi en état habituel de prostitution sera conduit, après instruction ou enquête, devant le Tribunal correctionnel, statuant en chambre du Conseil, qui ordonnera, suivant les circonstances, sa remise à ses parents, son envoi jusqu'à sa vingtième année, dans les conditions prévues par la loi du 5 août 1850, dans tel établissement de correction, d'éducation ou de réforme ou telle famille honorable qu'il désignera, ou sa remise à l'assistance publique dans les termes de la loi du 24 juillet 1889. »

A ce propos, M. Dreyfus rappelle le vœu émis par le Comité de défense en 1892, sur la proposition de M. Passez, vœu tendant à assimiler au vagabondage le fait, par les mineurs de seize ans, de loger en garni et de tirer leurs ressources de la débauche, et il constate que la jurisprudence s'est montrée favorable à cette idée.

« Un arrêt de la Cour de Paris du 10 mars 1893 a décidé que la prostitution publique ne saurait procurer à une fille mineure de seize ans des moyens d'existence légaux, et que la corruption de la débauche d'un enfant ne pouvaient lui constituer un moyen de se soustraire à l'obligation d'avoir un domicile certain et de se livrer à un travail régulier dans la limite de ses facultés. »

Le rapport ajoute :

« Sous l'empire de ces idées, et grâce, il faut le dire, à l'heureuse entente établie entre la Préfecture de police et le Parquet, les jeunes filles mineures de seize ans saisies en état de prostitution sont, *autant que le permettent les circonstances révélées par l'enquête préalable*, envoyées à l'instruction judiciaire et, de là, soit en correction, soit dans une des trop rares œuvres de sauvetage qui consentent à les recueillir. »

Mais M. Bérenger a critiqué cette assimilation de la prostitution au vagabondage qu'il juge arbitraire, car le plus souvent la jeune prostituée a un domicile, — illogique, puisque l'on crée un délit spécial aux mineurs, qui n'existerait pas pour les majeurs, — et dangereuse, en ce qu'elle a pour résultat de soumettre ces malheureux enfants à une répression pénale. M. le Rapporteur, après avoir énuméré ces objections, les combattait victorieusement en faisant observer que ce qui importe par dessus tout en cette matière, c'est le résultat, c'est-à-dire le sauvetage de l'enfant. Or, ce sauvetage, l'intervention de la justice, avec ses procédés d'instruction et les moyens mis par la loi à la disposition du tribunal, peut seule l'assurer, sauf à substituer à la publicité de l'audience la juridiction de la Chambre du Conseil « plus discrète et plus familiale. » Je retiens en passant ce mot *familiale* comme qualifiant à merveille cette juridiction de la Chambre du Conseil qui rend tant de services ignorés et couvre de sa protection *discrète* tant de misères cachées : n'est-ce pas une des plus belles attributions des magistrats, généralement si mal jugés par le public ?

Enfin, M. Dreyfus rappelle que le Sénat a étendu jusqu'à dix-huit ans pour les mineures prostituées la majorité pénale. Le Comité ne peut que se féliciter de voir une des idées qui lui sont chères ainsi entrée dans le domaine de la législation.

Les conclusions de ce rapport si suggestif (1) étaient formulées en un vœu, dont les lecteurs de *La Loi* ont pu lire le texte précis dans le compte-rendu de la séance du Comité du 5 février (*La Loi* du lendemain, 6 février), et qui tendait à l'approbation du texte voté par le Sénat, à l'assimilation de la prostitution des mineures au vagabondage, et à la création d'écoles spéciales de préservation.

*
* *

La discussion s'engagea, dans la séance du 4 mars, non seulement sur les conclusions du rapport que je viens d'analyser, mais aussi sur les propositions complémentaires déposées par M. Guillot, qui ont été publiées *in extenso* dans *La Loi* du 6 mars, et qui sont reproduites dans la note ci-dessous (2). Je reviendrai plus loin sur ces

---

(1) *Conclusions du rapport de M. Dreyfus :*

Le Comité de défense, appelé à examiner de nouveau les moyens en usage à Paris pour atteindre la prostitution des mineurs de 16 ans et les mesures proposées aux Chambres à cet effet,

Donne son entière approbation aux intentions généreuses qui ont inspiré la proposition de loi votée par le Sénat, sur le rapport de l'honorable M. Bérenger, dans ses séances des 28 et 30 mai, 14 et 27 juin 1895 ;

Approuve notamment les dispositions relatives :

a) A la répression des faits commis par ceux qui ont soutenu, aidé ou assisté la prostitution d'autrui sur la voie publique,

b) Aux pénalités encourues par les cabaretiers qui fournissent aux femmes et filles de débauche le moyen de se livrer à la prostitution,

c) A la répression de l'embauchage par violence ou par fraude en vue de la prostitution ;

Persiste à réclamer, d'accord avec les termes du projet voté, l'extension à 18 ans de la majorité pénale ;

En ce qui touche les mesures de protection nécessaires en faveur des mineurs saisis en état habituel de prostitution :

Le Comité, éclairé par les résultats des mesures pratiquées à Paris depuis plusieurs années, grâce à l'accord intervenu entre le Parquet, l'Instruction et la Préfecture de police, croit devoir maintenir et recommander à l'attention des pouvoirs publics les vœux émis prr lui dans sa séance du 5 juillet 1893, c'est-à-dire la nécessité d'assimiler, par une disposition légale, la prostitution des mineurs au vagabondage et de créer en leur faveur des écoles spéciales de préservation.

(2) *Propositions de M. Guillot :*

1º Les raisons d'ordre social qui justifient l'application de l'éducation correctionnelle au vagabondage et à la mendicité la justifient également à l'égard de la prostitution des mineurs de 16 ans.

2º On ne saurait considérer comme un procédé de correction l'internement administratif de l'enfant dans des prisons sanitaires où leur moralité achève de se perdre.

3º Des établissements sanitaires spéciaux d'un caractère moralisateur devraient être réservés aux prostituées mineures de 16 ans.

4º Le Comité exprime le vœu de voir se généraliser la pratique actuellement admise par la Préfecture de police et le Parquet de la Seine en vue de déférer aux propositions, dignes du philosophe, du moraliste, du magistrat de grande expérience et de l'homme de grand cœur qu'est M. Guillot. Je reproduirai seulement ici le texte de la dixième de ces propositions, sur laquelle eut lieu la plus longue et la plus intéressante discussion du Comité. Ce texte était ainsi conçu :

« Le Comité estime que la prostitution des mineures de seize ans rencontrerait plus d'obstacles si les inspecteurs qui arrêtent les jeunes filles se livrant au racolage étaient tenus de verbaliser contre les logeurs, de préciser les circonstances de la contravention commise, et de noter dans leurs rapports les indications diverses pouvant servir de base à une instruction judiciaire pour excitation à la débauche ou détournement de mineure ».

On se rappelle que le Sénat avait écarté du projet les dispositions relatives aux logeurs. Dès l'ouverture de la discussion du Comité, M. Dreyfus exprima ses regrets au sujet de cette lacune, et M. Bérenger montra à quel point était insuffisante l'ordonnance de 1778. M. Honnorat, au nom de la Préfecture de police, expliqua que cette administration, en transmettant directement au Ministère public près le Tribunal de simple police les procès-verbaux dressés contre les logeurs pour réception des filles de débauche, ne faisait

---

tribunaux pour être soumises à une instruction judiciaire les prostituées de moins de 16 ans quand, n'ayant ni domicile, ni d'autres ressources que la débauche, elles peuvent être inculpées du délit de vagabondage.

5° L'expérience suivie depuis 1892 paraît avoir démontré que par l'action de la justice s'unissant à celle des patronages, et par la concentration des dossiers dans les mains des mêmes magistrats, on a pu, en attendant les réformes légales auxquelles le Comité a adhéré, tirer du Code pénal actuel une jurisprudence favorable à la protection de l'enfance et à la moralité publique.

6° Il y a lieu de recommander aux commissaires de police et aux divers agents de s'attacher à relever, avec le plus grand soin, dans leurs procès-verbaux, les présomptions du délit de vagabondage, et de ne pas accueillir sans contrôle les réclamations de parents souvent indignes, intéressés à dissimuler un vagabondage et des désordres dont ils devraient être les premiers responsables.

7° L'état de prostitution de la mineure vagabonde ou délinquante de droit commun ne doit pas empêcher qu'elle soit traduite en justice dans les vingt-quatre heures ; l'instruction peut se poursuivre facilement pendant que l'inculpée est en traitement à Saint-Lazare, et il n'y a pas lieu d'attendre sa guérison pour ouvrir une instruction et procéder à un interrogatoire conformément à la loi.

8° Il est à désirer que les prostituées de moins de 16 ans, placées sous mandat de dépôt, sous une inculpation de droit commun, soient, pendant la prévention, dans un quartier cellulaire distinct, afin de ne pas être pour les autres enfants une cause de contagion morale.

9° L'envoi par les tribunaux dans les maisons d'éducation correctionnelle des vagabondes prostituées implique nécessairement la création d'établissements ou quartiers distincts, soumis à un régime particulier d'hygiène médicale et d'éducation morale ; le Comité approuve par ses vœux les constants efforts de l'Administration pénitentiaire en vue de créer ces établissements.

10° Le Comité estime que la prostitution des mineures rencontrerait plus d'obstacles si les inspecteurs qui arrêtent les jeunes filles se livrant au racolage étaient tenus de verbaliser contre les logeurs, de préciser les circonstances de la contravention commise, et de mettre dans leurs procès-verbaux les indications diverses pouvant servir de base à des poursuites pour excitation à la débauche ou détournement de mineure contre des individus qui comptent trop sur l'impunité.

que se conformer à une pratique déjà ancienne admise par le Parquet, et à la jurisprudence de la Cour de cassation d'après laquelle les faits visés par l'ordonnance du 6 novembre 1778 ne pouvaient être frappés que de peines de simple police. Il parut même exprimer certains doutes au sujet de l'applicabilité de l'article 334 du Code pénal aux logeurs.

Je m'efforçai, dans la séance du 25 mars, de combattre cette théorie ou de faire disparaître ces scrupules. J'exposai au Comité que les logeurs « favorisent ou facilitent » bien la débauche des mineurs en leur fournissant le moyen de s'y livrer dans leurs hôtels pour en tirer profit. Je citai les arrêts de la Cour suprème des 10 novembre 1854 et 1er mai 1863, de la Cour d'Aix du 19 juillet 1878, et la jurisprudence constante de la Cour de Paris. J'eus la bonne fortune d'entendre s'associer à mes observations des magistrats de la plus haute valeur et que leurs fonctions mêmes rendaient les plus autorisés en la matière : et M. le juge d'instruction Guillot, qui rappela que, lors de l'enquète faite en 1890 sur cette question par le Conseil général de la Seine, la Préfecture de police elle-même avait mis en avant ce fameux article 334, — et M. le Procureur de la République Atthalin, qui, malgré ses écrasantes occupations, avait su trouver le temps de venir prendre part à cette discussion, — et MM. les présidents Harel et Potier, qui président la Chambre des appels correctionnels de la Cour de Paris.

La question était donc résolue en principe. Mais il restait, — ce qui n'était pas le plus aisé, — à donner à cette décision une sanction pratique. Comment atteindre les logeurs ? M. Puibaraud, qui dirige avec tant de compétence, de fermeté et de tact, le service des recherches à la Préfecture de police, fit observer que là réunion des éléments de l'article 334 est bien difficile en ce qui concerne les logeurs. Le plus souvent, en effet, la fille ne s'inscrit pas sur leurs registres, c'est le souteneur qui loue la chambre en son nom ; d'autres fois, elle loge chez ses parents ou soi-disant tels, et échappe ainsi aux constatations des agents. De son côté, M. le Procureur de la République ne dissimula point les difficultés que rencontre ici l'application du texte pénal : il faut, en effet, non seulement prouver l'*habitude*, mais, de plus, établir que le logeur *connaissait l'âge* de la mineure.

Mais sont-ce vraiment là des difficultés insurmontables ? Dans d'autres délits, l'usure par exemple, la preuve de l'habitude est à la charge du ministère public. Quant à la connaissance du fait qui engendre l'infraction, elle doit toujours être démontrée aux Tribunaux correctionnels. Ce sont donc des questions du domaine de l'instruction, délicates peut-être dans certains cas ; mais à quoi serviraient les instructions judiciaires si la preuve du délit était faite avant même que le Parquet n'eût requis le juge d'informer ?

Il fallait donc avant tout que le Procureur de la République fût saisi des procès-verbaux dressés contre les logeurs, qui, jusqu'ici, étaient transmis directement au Tribunal de simple police. A cet égard, l'accord s'établit immédiatement entre le Parquet et la Préfecture de police, et, dès la séance du 6 mai, M. Honnorat donna lecture, au milieu de marques unanimes d'assentiment, de la note suivante qu'il venait, d'accord avec M. le Préfet de police, d'adresser au Bureau des mœurs :

« Pour donner satisfaction à un vœu émis par le Comité de défense des enfants traduits en justice et sur la demande de M. le Procureur de la République, j'ai l'honneur de prier le chef du deuxième bureau d'adresser, à l'avenir, et jusqu'à nouvel ordre, à M. le Procureur de la République les procès-verbaux dressés pour infractions aux ordonnances des 4 et 6 novembre 1778 et 8 novembre 1780, destinés au Tribunal de simple police.

« A cette occasion, il conviendra de faire autant que possible mentionner par les commissaires de police, dans leurs procès-verbaux, l'état-civil des filles de débauche reçues chez les contrevenants auxdites ordonnances, afin que ceux-ci n'échappent pas, le cas échéant, aux pénalités prévues par l'article 334 du Code pénal.

« Je profite de cette circonstance pour rappeler que nous devons, au point de vue spécial qui nous occupe, faire tout ce qui est en notre pouvoir pour protéger les enfants mineurs en atteignant par tous les moyens possibles les individus visés par l'article 334.

« Approuvé :

« Le Préfet de police,	« Le chef de la 1re division,
« LÉPINE. »	« HONNORAT. »

Il a suffi de cette mesure pour opérer une véritable révolution... pacifique d'ailleurs. Désormais, l'article 334 a cessé d'être une lettre morte à l'égard des intéressants industriels qui offrent une si large et si fructueuse hospitalité aux petites filles, à leurs « amis » et à leurs « vieux Messieurs. » (1) Déjà, dans nombre de cas, le Parquet a pu saisir un juge d'instruction, le plus souvent M. Guillot lui-même, et plusieurs logeurs ont été déférés au Tribunal correctionnel. J'ai pu faire part au Comité, à la Séance du 10 juin, de ces résultats précieux, et j'ajoutais que, ainsi qu'on devait s'y attendre, la nouvelle jurisprudence du Parquet et de la Préfecture de Police était connue des intéressés. Le bruit s'est répandu, dans ces tristes milieux, que désormais il y aura quelque risque à tirer profit de la débauche des enfants. Puisse la terreur salutaire de la police correctionnelle porter un coup fatal à ce honteux commerce ! Les efforts du Comité, des Magistrats et de l'Administrations seraient ainsi parvenus à un résultat dépassant toutes les espérances.

*
* *

Après avoir essayé d'atteindre et de réprimer les exploiteurs de

---

(1) Ce ne sont pas toujours des vieillards que l'on trouve dans ces bouges. Récemment, au cours d'une descente dans une maison mal famée, le commissaire de police surprenait en *conversation* avec une enfant de treize ans et quelques mois (elle avait l'âge !) un jeune homme du meilleur monde... qui devait se marier quelques jours plus tard. Il est triste d'être désarmé contre de tels amateurs !

débauche enfantine, il fallait bien s'occuper de protéger les victimes de cette exploitation, tenter de les arracher à leur vie honteuse (et si lugubrement triste !), à leur milieu néfaste, entreprendre, en un mot, leur sauvetage. Ce fut l'objet de la seconde partie des délibérations du Comité. Il ne devait s'occuper, pour se renfermer dans les limités de son programme, que des mineures n'ayant pas atteint l'âge de pleine responsabilité, c'est-à-dire leur seizième année, ou plutôt, suivant l'heureuse décision du Sénat, leur *dixhuitième année*.

Les trois premières propositions de M. Guillot furent votées sans discussion, tant elles répondaient au sentiment unanime du Comité, maintes fois exprimées et réunies en une seule, que je crois devoir reproduire ici parce qu'elle est la base même du système adopté :

« Les raisons d'ordre social qui justifient l'application de l'éducation correctionnelle au vagabondage et à la mendicité la justifient également à l'égard de la prostitution des mineurs de seize (dix-huit) ans. — On ne saurait considérer comme un procédé de correction l'internement administratif des enfants dans des prisons sanitaires où leur moralité achève de se perdre. — Des établissements sanitaires spéciaux d'un caractère moralisateur devraient être réservés aux prostituées mineures de seize (dix-huit) ans. »

Je me bornerai à mentionner le vote des septième, huitième et neuvième vœux de M. Guillot, qui furent l'objet seulement de quelques observations de détail. M. le secrétaire général demandait : que les mineures arrêtées en état de prostitution fussent déférées immédiatement à la justice, sans attendre la fin de leur traitement à l'infirmerie de St-Lazare ; — qu'elles fussent, pendant la période de prévention, placées dans un quartier cellulaire distinct, afin de ne pas contaminer moralement les autres enfants ; — et enfin que l'Etat créât pour les jeunes prostituées des établissement ou quartier distincts, soumis à un régime particulier d'hygiène médicale et d'éducation morale. M. Vincens, qui représente au Comité l'Administration pénitentiaire avec un si infatigable zèle, fit connaître que ce dernier vœu allait recevoir une satisfaction partielle : la nouvelle maison pénitentiaire de Doullens contiendra en effet un quartier spécial réservé aux prostituées.

Mais la véritable discussion s'éleva au sujet de la quatrième proposition de M. Guillot. Fallait-il assimiler la prostitution des mineures au vagabondage ? J'ai déjà dit qu'aux yeux de M. Réville cette assimilation constitue une extension abusive du Code pénal, ce qu'il appelait *un pieux mensonge*. M. Guillot s'éleva avec beaucoup de force contre cette appréciation et affirma que la jurisprudence en question était *loyale, humaine et sage*. Je suis absolument de son avis. Quels sont les éléments du vagabondage ? Ils consistent, dit l'article 271 du Code pénal, à n'avoir « ni domicile certain, ni moyens de subsistance », et à n'exercer « habituellement ni métier, ni profession ». Or, peut-on considérer comme un *domicile certain* les garnis successifs où ces éternelles exploratrices du trottoir amènent, au hasard des rencontres, leurs « clients » de passage, et peut-on reconnaître au produit aléatoire de leurs abandons plus ou moins tarifés le caractère de *métier ou profession* avouable, et de *moyens de subsistance* légitimes? Et lorsque la loi du 27 mai 1885 considère comme vagabond celui qui tire ses ressources du jeu de hasard sur la voie publique (je ne parle pas, à dessein, du souteneur), peut-il être antijuridique et illégal de faire la même assimilation pour la prostituée, sauf le cas, bien entendu, de celle qui a un domicile et des moyens d'existence réguliers, chez ses parents par exemple, et ne se livre à la débauche que d'une façon accidentelle? D'ailleurs, devant le Comité, ainsi que le fit remarquer M. Guillot, la question n'était pas entière, puisque, en 1892, il avait adopté le vœu de M. Passez tendant précisément à assimiler la prostitution des mineures au vagabondage.

Au fond, tout le monde était d'accord pour essayer de protéger et de sauver, s'il était possible, les mineures en état de prostitution, mais on différait sur les voies et moyens. J'ai reproduit plus haut le texte de l'article 2 du projet de M. Bérenger, voté par le Sénat. M. Guillot fit remarquer combien ce texte était vague. A quel titre et à la suite de quelle procédure l'enfant serait-il traduit devant la Chambre du conseil, en vertu de quelle pièce serait-il maintenu en état de détention ? De son côté, M. le Procureur de la République appela l'attention du Comité sur le danger qu'il pourrait y avoir à s'écarter des règles précises et protectrices du Code d'instruction criminelle, en dehors desquelles on ne rencontre que l'arbitraire. En somme, la question pouvait se poser dans les termes suivants : fallait-il admettre la proposition de M. Bérenger, dont le caractère était nettement *hospitalier*, ou celle de M. Guillot, qui se plaçait sur un terrain purement *judiciaire*, ou plutôt qui adaptait les règles du Code d'instruction criminelle à l'application des mesures tutélaires ?

Une autre objection fut faite au texte du Sénat, c'est qu'il visait seulement la prostitution habituelle. N'est-il pas, fit-on observer, utile de protéger l'enfant dès que le danger se révèle, et n'est-il pas illogique d'attendre, pour intervenir, que le mal soit devenu inguérissable et chronique ?

A la suite de l'intéressante discussion, pour le détail de laquelle on pourra se reporter au compte-rendu de *La Loi*, M. le président Cresson, après avoir précisé, avec sa haute compétence, le point à décider, et sans dissimuler son sentiment en faveur du système judiciaire, mit aux voix le texte suivant, que le Comité adopta, et qui a le mérite d'être bref, clair et formel : « *La prostitution, même non habituelle, des mineurs des deux sexes de dix-huit ans est assimilée au vagabondage* ».

Dès lors, la question de procédure, la seule qui restât à résoudre, se simplifiait singulièrement. Puisqu'on se trouvait en présence d'un délit, il n'y avait plus qu'à suivre les règles des Codes d'Instruction criminelle et Pénal. M. Guillot ne manqua point de faire observer que la faculté conférée au Tribunal par le texte du Sénat de confier de prime abord l'enfant « à une famille honorable » pouvait présenter des inconvénients. Pourquoi, dit-il, ne pas le remettre, comme le prescrit le Code pénal, à la garde de l'Administration pénitentiaire, qui, lorsque le moment de la libération conditionnelle sera venu, choisira, en connaissance de cause et après une enquête approfondie, le particulier ou l'établissement présentant le *maximum* de garanties pour l'éducation de l'enfant ?

Le Comité se rallia à cette manière de voir et adopta, comme conclusion dernière de la discussion, le vœu suivant que je demande encore la permission de citer *in extenso* parce que, à mon avis, il pourrait être, presque sans modification, transformé en texte législatif :

« Toutefois, et vu l'utilité d'appliquer au fait de la prostitution des mineures une procédure spéciale, le Comité émet le vœu que les tribunaux statuent à huis-clos, le défendeur entendu, et qu'ils ordonnent, suivant que les intérêts de l'enfant l'exigeront, ou qu'il sera remis à ses parents présentant des garanties suffisantes de moralité, ou qu'il sera, pendant tel nombre d'années que le tribunal désignera et qui ne pourra toutefois excéder l'époque où il aura accompli sa vingt-unième année, confié à l'Etat, représenté par l'administration pénitentiaire, pour être placé dans les maisons d'éducation correctionnelle organisées à cet effet.

« Les dispositions de la loi du 5 août 1850 seront applicables à cette mesure comme en matière d'envoi en correction.

« Les parents déclarés responsables de n'avoir pas surveillé leurs enfants seront tenus, en tout ou partie, des frais de garde et d'éducation des mineurs. »

*
* *

Pour qui est étranger à ces questions encore si nouvelles de la protection de l'enfance abandonnée ou coupable, une singulière impression se dégagera sans doute du froid et pâle résumé que je viens d'essayer d'une si intéressante et parfois si brillante discussion. Comment, dira-t-on, voilà une réunion de magistrats, d'avocats, de philanthropes officiels ou libres, dont tous les efforts paraissent tendre à créer des pénalités nouvelles, et contre qui ? contre des enfants ! L'arsenal de nos lois répressives ne leur suffit pas, et ils s'occupent laborieusement à forger des armes perfectionnées pour en frapper de malheureuses petites filles abandonnées par leurs parents, ou même encouragées par eux au vice et à la débauche. Impression analogue à celle du public assistant à une audience correctionnelle, qui, en entendant le Tribunal prononcer des envois en correctionnelle jusqu'à vingt ans, au milieu des sanglots et des cris des enfants, des marques plus ou moins feintes de désespoir des parents qui n'ont su ou voulu les élever, accuse volontiers les magistrats d'inhumanité et se révolte contre leur inexplicable barbarie !

Il faudrait une plume plus autorisée que la mienne pour combattre de tels préjugés, et je souhaite vivement qu'un jour enfin la grande presse s'empare de cette question et la traite avec le sérieux qu'elle comporte. Ce qu'ils cherchent, ces membres du Comité de défense, si ardemment dévoués à leur œuvre régénératrice et patriotique, ce qu'ils veulent, ces magistrats qui s'efforcent de s'acquitter dignement de leur tâche élevée, c'est protéger l'enfance, c'est essayer de sauver les mineurs du vice, de la honte, d'une existence vouée au délit et au crime ! A la fausse sentimentalité, ils préfèrent le remède violent en apparence mais efficace. Autrefois, lorsqu'un mineur de seize ans était traduit pour un délit sans gravité, on croyait faire preuve d'indulgence, quand on ne pouvait le rendre à des parents indignes, en déclarant qu'il avait agit avec discernement, et en lui octroyant quelques jours de prison. Il subissait sa peine dans le milieu délétère des maisons d'arrêt, puis il était rejeté sur le pavé des villes. Bientôt, presque infailliblement, il commettait un second délit, et, dès lors, *il était perdu* : il devenait un récidiviste, un habitué des prisons, marqué pour les crimes futurs. Aujourd'hui les tribunaux, secondés par le zèle infatigable et noblement désintéressé du barreau, ont, presque partout, rejeté ces funestes errements. Les enfants qui ne peuvent être rendus à leur famille sont, en général, envoyés en correction jusqu'à vingt ans. C'est là le fait brutal. Mais derrière cette apparence, il y a le correctif merveilleux de la *libération conditionnelle* : dans quelques mois, dans quelques jours peut-être, cet enfant, confié à l'Administration pénitentiaire, sera remis par elle à l'une de ces vaillantes sociétés de patronage qui commencent à se multiplier, qui tâchera d'en faire un honnête homme, un brave serviteur de son pays, un travailleur, un soldat. Comme pis-aller, si l'enfant est par trop indiscipliné, il subira l'éducation de l'Etat dans les maisons correctionnelles, qui vont se perfectionner de jour en jour. Cela ne vaut-il pas mieux pour lui que de vagabonder dans le ruisseau, ou de faire son voyage circulaire dans les maisons d'arrêt de France, en attendant la maison centrale, cet enfer à la porte duquel il faut « laisser toute espérance » ?

Voilà ce qu'il faudrait dire, répéter sans relâche, cela et bien d'autres choses. Mais, encore une fois, ces questions sont neuves, elles n'ont pas fait leur siège dans l'opinion publique, et il faut compter sur l'avenir. En attendant, ceux qui se sont voués à leur étude ne recueillent, suivant l'usage, que railleries et amères critiques. Dernièrement, un journal publiait un article, fort spirituel sans doute, dans lequel était commentée avec ironie une circulaire de M. le Procureur de la République Atthalin aux commissaires de police, — laquelle circulaire, soit dit entre parenthèses, n'a jusqu'à présent existé que dans l'imagination du rédacteur de l'article. Or, voici le noir forfait qu'aurait commis M. le Procureur de la Répu-

blique. Il aurait prescrit à ses auxiliaires d'envoyer à Saint-Lazare
les filles mineures se livrant à la prostitution, et de dresser procès-
verbal, pour excitation à la débauche, contre les logeurs qui leur
fournissent asile. N'est-ce pas intolérable ? « C'est punir les malheureuses filles qui n'ont pas les moyens d'avoir un intérieur. C'est
frapper le vice, non parce qu'il est le vice, mais parce qu'il est
pauvre, etc. »

La circulaire n'existe pas ; mais, Dieu merci ! les faits allégués
sont exacts, en ce sens que des poursuites sont exercées contre les
logeurs qui tombent sous le coup de l'article 334 du Code Pénal, en
procurant à ces mineures, souvent de véritables enfants, les
moyens de se livrer à la débauche ; tous les honnêtes gens ap-
prouveront hautement que la protection de ces mineures soit assu-
rée par une surveillance plus rigoureuse des garnis, et que la loi
ne reste pas inactive à leur égard ; les logeurs que cette jurisprudence salutaire pourrait troubler dans leurs habitudes mériteraient
peu d'intérêt, et ce n'est pas dans la partie saine de la population
que leurs lamentations trouveraient un écho.

J'ai dit à quel résultat immédiat et inespéré ont abouti les délibérations du Comité de défense, grâce à l'entente complète entre
la Préfecture de police et le Parquet ; et ceux de nos lecteurs qui
ont bien voulu me suivre jusqu'ici ont compris la haute moralité
et l'intérêt de salubrité publique qui s'attachent à l'œuvre entre-
prise avec le concours dévoué de MM. les juges d'instruction et des
membres du Tribunal correctionnel (1). Les railleries ne prévau-
dront point contre nos efforts. Et si l'auteur de l'article auquel j'ai
fait allusion avait assisté aux séances du Comité, il reconnaîtrait
qu'il a fait fausse route, et peut-être regretterait-il des plaisante-
ries quelque peu hors de propos.

---

(1) Une note vient d'être adressée à M. le Préfet de police par le Comité de
défense pour lui signaler les points sur lesquels il est nécessaire que porte le
procès-verbal de constatation par les agents des éléments juridiques du délit
d'excitation à la débauche : matérialité des faits, âge, habitudes, non inscription
de la fille et de son âge sur le livre de police, etc.

Paris. — Imprimerie Jean Gainche, 15, rue de Verneuil.

Paris, Imprimerie Jean Gainche, 15, rue de Verneuil